Nico Stieler

Baufinanzierung für Selbstnutzer

Nico Stieler

Baufinanzierung für Selbstnutzer

so klappt der Traum vom Eigenheim

- Tipps aus Sicht eines Bankers -

Nidderau

Bibliografische Information der Deutschen Nationalbibliothek: Die Deutsche Nationalbibliothek verzeichnet diese Publikation in der Deutschen Nationalbibliografie; detaillierte bibliografische Daten sind im Internet über dnb.dnb.de abrufbar.

© 2021 Nico Stieler

Herstellung und Verlag: BoD - Books on Demand, Norderstedt

ISBN : 9783754316689

Inhaltsverzeichnis

Vorwort

Was sind die Herausforderungen für Sie als zukünftiger Eigenheimbesitzer? Banken stehen in der seit Jahren andauernden Niedrigzinsphase unter einem enormen Kostendruck. Daher werden die Abläufe und Entscheidungen innerhalb der Bank immer weiter standardisiert und digitalisiert. Wenn Sie nun einen Kredit für Ihr Eigenheim anfragen, kann es sein, dass Sie durch das Raster der Bank fallen, wenn Sie bestimmte Kriterien nicht erfüllen – oder noch schlimmer: Sie erfüllen die geforderten Kriterien, nur haben Sie sie nicht klar kommuniziert. Insbesondere kleine regionale Institute wie Volksbanken oder Sparkassen haben oft noch menschliche Entscheider. Aber auch hier ist es wichtig, die wesentlichen Knackpunkte aufzubereiten, denn der Bankberater wird zuerst die Kreditanträge bearbeiten, die am erfolgversprechendsten sind.

Dieser kompakte Ratgeber soll Ihnen zeigen, wie Ihre Baufinanzierung von der Bank gesehen wird und soll Ihnen eine Hilfestellung geben, was Sie konkret tun können, damit Sie die Finanzierung für Ihr Eigenheim erhalten.

Zum Autor:

Der Autor hat nach seiner Ausbildung zum Bankkaufmann nebenberuflich an der Frankfurt School of Finance and Management sowohl ein Studium zum Bachelor of Finance and Management (B.Sc.) als auch zum Master of Mergers and Acquisitions (LL.M.) absolviert. Er ist seit über 18 Jahren in der Kreditabteilung verschiedener Sparkassen und Banken tätig. Er hat dort Finanzierungen von Eigenheimen, Investmentimmobilien, Existenzgründungen, Firmenübernahmen und den Bau von Spezialimmobilien wie Ärztehäusern und Pflegeheimen begleitet. Als Kreditreferent in der Marktfolge hat er keinen Verkaufsdruck, sondern entscheidet auf Basis von Zahlen, Daten, Fakten. Die Ergebnisse seiner Erfahrungen für die Finanzierung von Eigenheimen hat er nun in diesem Buch festgehalten.

1 Was können Sie sich leisten – und wichtiger: was wollen Sie sich leisten?

Der Traum vom Eigenheim kann schnell zum Albtraum werden, wenn er zu einer finanziellen Überlastung wird. Daher ist es elementar, dass Sie sich mit Ihren Einnahmen und Ausgaben auseinandersetzen. Stellen Sie hierzu sämtliche Einnahmen und Ausgaben gegenüber. Sie können hierzu ein Haushaltsbuch nutzen oder einfach die regelmäßigen Einnahmen und Ausgaben anhand Ihrer Kontoumsätze aufschreiben. Bitte erstellen Sie zwei Haushaltsrechnungen, eine mit den von Ihnen ermittelten Werten des Haushaltsbuchs, eine zweite mit den banküblichen Pauschalen. Eine oft kommunizierte Faustformel besagt, dass die Darlehensrate im Bereich von 33% des Nettoeinkommens liegen und 40% nicht übersteigen sollte.

Zur Erstellung der Haushaltsrechnung können Sie gerne das von mir erstellte Musterformular[1] nutzen. Welche Einnahmen und Ausgaben fallen üblicherweise an?

---

[1] Anhang 1: Haushaltsrechnung

Einnahmen

Bitte setzen Sie bei den Einnahmen nur die regelmäßigen Zahlungen an. Sollten die Einnahmen schwanken, dies ist insbesondere bei Einnahmen aus selbständiger Tätigkeit der Fall, dann ermitteln Sie bitte anhand Ihrer jährlichen Einkünfte einen Durchschnittswert.

Gehaltszahlungen: setzen Sie bitte nur Ihr Nettogehalt ohne Sonderzahlungen an (z. B. 13. Gehalt, Weihnachts-/Urlaubsgeld, Schichtzulagen oder Bonuszahlungen).

Sonstiges: unter dieser Position können Sie Sonderzahlungen wie das 13. Gehalt oder Bonuszahlungen angeben; wichtig ist hier, dass diese in der Vergangenheit regelmäßig erfolgt sind und Sie dies z. B. durch die Gehaltsabrechnung des Auszahlungsmonats belegen können

Mieteinnahmen:	berücksichtigen Sie bitte nur die Nettokaltmiete ohne Umlagen.
Selbständige Tätigkeit:	setzen Sie bitte nur Ihr nachhaltiges Ergebnis nach Steuern <u>ohne</u> außerordentliche Erträge und Aufwendungen (z. B. Verkauf von Anlagevermögen, Auflösung von Rückstellungen, Versicherungsentschädigungen).

Ausgaben

Lebenshaltungskosten:	setzen Sie hier bitte in der ersten Haushaltsrechnung Ihre tatsächlichen Lebenshaltungskosten aus dem Haushaltsbuch an. In der zweiten Haushaltsrechnung setzen Sie bitte Pauschalwerte ein. Banken setzen für die Lebenshaltung unterschiedliche Pauschalen an. Übliche Werte sind hier 1.200 EUR für eine Person, 500 EUR für die zweite Person und 300 EUR für jede weitere Person im

Haushalt. Sie merken an dieser Stelle die vorsichtige Sichtweise der Bank z. B. daran, dass Ihre Kinder im Haushalt negativ zu Buche schlagen, da die pauschal angesetzten Lebenshaltungskosten über dem ermittelten Kindergeld liegen.

Pkw: bitte rechnen Sie hier die jährliche Kfz-Steuer, die Haftpflicht- und Kaskoversicherung sowie die Inspektions- und Reparaturkosten auf einen Monat herunter und addieren Sie noch die monatlichen Kraftstoffkosten hinzu. Banken setzen pauschal 200 EUR je Pkw an. Eine eventuelle Finanzierung ist gesondert anzugeben.

Kredit-/Leasingraten: setzen Sie diese an, sofern diese noch dauerhaft zu zahlen sind. Sollten die Finanzierungen innerhalb der nächsten 6 Monate zurückgeführt sein,

Miete: sollten Sie dies in der Haushaltsrechnung anmerken.

bitte setzen Sie hier die Kaltmiete an; auch wenn die Miete für Ihre selbstgenutzte Wohnung durch die beantragte Eigenheimfinanzierung entfällt, sollten Sie diese angeben. Viele Banken gleichen bei der Finanzierung Ihres Eigenheims die zukünftige Darlehensrate mit der Höhe der bisherigen Mietzahlungen ab, um zu sehen, ob Sie die Höhe der Darlehensbelastung gewohnt sind. Merken Sie auch hier an, dass diese Belastung zukünftig entfallen wird.

Nebenkosten: da auch beim selbstgenutzten Eigenheim Nebenkosten anfallen, sind diese hier anzusetzen. Bei einer Eigentumswohnung können Sie das Hausgeld zzgl. des Haushaltsstroms ansetzen. Hier können Sie hilfsweise

Ihre bisherigen Stromkosten ansetzen.

Ergebnis

Bei beiden Berechnungsmethoden sollte ein monatlicher Überschuss verbleiben, der nicht nur die zukünftige Darlehensrate abdeckt, sondern noch einen Puffer für Unvorhergesehenes. Sie sollten unabhängig vom Überschuss Ihrer Haushaltsrechnung einen „Notgroschen" zur Seite gelegt haben (zur Höhe siehe Kapitel „Wie viel Eigenkapital wollen und können Sie einbringen?"). Wenn eine unerwartete Ausgabe (z. B. Waschmaschine und Pkw defekt) aufgetreten ist, muss der Notgroschen durch laufende Ansparung wieder aufgefüllt werden. Die Höhe des Notgroschens bestimmt hier u.a. die Höhe des erforderlichen Haushaltsüberschusses, damit der Notgroschen in einer überschaubaren Zeit wieder aufgefüllt werden kann. Darüber hinaus richtet sich der Liquiditätspuffer nach Ihrem persönlichen Sicherheitsbedürfnis, sollte aber einen Betrag von 200 EUR nicht unterschreiten. Bei Ansatz Ihrer tatsächlichen Lebenshaltungskosten sollte idealerweise ein deutlich höherer Überschuss als bei Ansatz der Bankpauschalen verbleiben, damit Sie ausreichend Spielraum zur Reservenbildung für Unvorhergesehenes haben.

Beispielfall Ehepaar, angestellt, mit einem Kind:

Nettoeinkommen Eheleute	3.000 EUR
Kindergeld	219 EUR
Gesamteinkommen	3.219 EUR
- Lebenshaltung (Pauschale 3 Personen)	2.000 EUR
- 1 Pkw (Pauschale)	200 EUR
- Kaltmiete	650 EUR
- Nebenkosten	150 EUR
Überschuss	219 EUR

Im vorliegenden Beispielfall sollte Ihre Darlehensbelastung folglich nicht mehr als 669 EUR betragen (Kaltmiete zzgl. Überschuss abzüglich Mindestreserve von 200 EUR). So wird ein Großteil der Banken Ihre Kapitaldienstfähigkeit zwar als nicht überragend aber gegeben beurteilen. Bitte beachten Sie: es wird auch Banken geben, die Sie mit einem geringeren Überschuss finanzieren – in der Regel gegen einen entsprechenden Zinsaufschlag[2]. Wenn Sie jedoch die vorgenannten Mindestkriterien erfüllen, vergrößert sich das Spektrum der Banken, die Sie gerne bei der Verwirklichung Ihres Traums vom Eigenheim begleiten erheblich.

Welche Darlehenshöhe mit diesem Einkommen möglich ist, hängt wesentlich von zwei weiteren Dingen ab: wie viel Eigenkapital Sie einbringen können und bis wann Sie entschuldet sein möchten. Dazu später mehr.

Probleme mit der Kapitaldienstfähigkeit?

Sollten Ihre tatsächlichen Lebenshaltungskosten über den banküblichen Pauschalen liegen, prüfen Sie bitte, in welchem Bereich Sie Einsparungen vornehmen können – doch Vorsicht: bitte geißeln Sie sich nicht für die Erfüllung Ihres Traums vom Eigenheim. Wenn Sie die Darlehensrate nur bei starker Einschränkung Ihres Lebensstils leisten können, führt dies auf lange Sicht zu starker Unzufriedenheit. Bedenken Sie, dass Sie die Darlehensrate die nächsten 20 bis 30 Jahre zahlen werden.

---

[2] An dieser Stelle sei erwähnt, dass der Zinssatz aus Sicht der Bank immer eine Risikoprämie enthält. Je höher der Zins, desto größer ist das Risiko, dass die Bank in Ihrem Vorhaben sieht.

Sollte Ihre Haushaltsrechnung mit einer Unterdeckung enden, ist entweder diese Immobilie zu teuer oder Ihr Eigenkapitaleinsatz zu gering. Wird Ihr finanzieller Spielraum durch Konsumschulden eingeschränkt, prüfen Sie, ob Sie diese vorzeitig zurückzahlen können – idealerweise haben Sie gar keine Konsumschulden.

Hinweis für Selbständige

Bitte beachten Sie, dass einige Banken, insbesondere Direktbanken, sich auf Standardfinanzierungen beschränken und gar keine Selbständigen finanzieren. Die übrigen Banken erwarten bei Selbständigen aufgrund der Schwankungen der Umsatzerlöse und Betriebsergebnisse einen höheren Überschuss als bei Angestellten. Der im Beispielfall für einen Angestellten errechnete Überschuss von 219 EUR würde dem Anspruch der meisten Banken für einen Selbständigen nicht genügen. Rechnen Sie damit, dass Banken Schwankungen von rd. 20% Ihres Betriebsergebnisses simulieren. Damit Sie als kapitaldienstfähig angesehen werden, sollte auch dann noch immer mindestens eine schwarze Null als Überschuss verbleiben.

Fazit

Wenn Sie diesen Schritt gegangen sind und Ihren persönlichen finanziellen Spielraum ermittelt haben, sind Sie bereits einen entscheidenden Schritt hin zur Finanzierung Ihres Eigenheims gegangen. Sie mögen es kaum glauben, aber tatsächlich haben Sie sich bereits besser vorbereitet als ein Großteil der Immobilieninteressenten. Glückwunsch!

Exkurs: Besonderheiten im Angestelltenverhältnis

Während Sie bei Berücksichtigung der vorgenannten Erläuterungen dafür sorgen, dass rd. 80% der Banken Sie gerne finanzieren, gibt es Besonderheiten, die genau das Gegenteil bewirken – sprich: dass Sie für 80% der Banken nicht finanzierbar sind. Hier eine kurze Auflistung der Sonderfälle sowie Vorschlägen aus meiner Erfahrung, wie Sie hiermit umgehen können:

1. Probezeit

   Finanzierungen in der Probezeit werden äußerst ungern von Banken vorgenommen. Ausnahmen gibt es tatsächlich nur, wenn Sie entweder sehr viel Eigenkapital – beispielsweise 50% der Gesamtinvestition - in die Finanzierung einbringen können oder Sie eine sehr hoch qualifizierte und entsprechend hoch vergütete Tätigkeit ausüben, bei der unterstellt wird, dass diese so sehr gefragt ist, dass Sie sie jederzeit übergangslos bei einem anderen Arbeitgeber ausüben könnten. Für Banken, die im Baufinanzierungsgeschäft ausschließlich bzw. weitestgehend auf rein technische Scoringmodelle setzen, fallen Sie meist durch das Raster.

2. Befristete Arbeitsverträge

Diese haben für Banken ihren Schrecken ein wenig verloren, da Befristungen mittlerweile in viele Branchen und auch bei hochqualifizierten Beschäftigungsverhältnissen Einzug erhalten haben. Grundsätzlich gilt auch hier, wenn es sich um eine äußerst gefragte Tätigkeit handelt, gehen Banken davon aus, dass Sie auch ohne Vertragsverlängerung problemlos eine neue Anstellung finden.

3. Entlohnung in ausländischer Währung bzw. ausländische Arbeitsverträge

Insbesondere in Grenzgebieten wie z.B. dem Saarland kommt es immer wieder vor, dass Sie als Grenzgänger im Ausland Ihr Einkommen erzielen, aber Ihren Wohnsitz in Deutschland haben und dort auch Ihr Eigenheim finanzieren möchten. Während ausländische Arbeitsverhältnisse, die in EUR vergütet werden noch von vielen Banken akzeptiert werden, gestaltet sich die Finanzierung bei Bezügen in Fremdwährung z.B. dem Schweizer Franken oder Polnischen Zloty deutlich schwieriger. Hier empfiehlt sich der Gang zu einer Regionalbank, da diese meist damit vertraut ist, dass in der Region Arbeitnehmer Gehälter im Fremdwährung beziehen.

2 Was wollen Sie finanzieren? Eine Kurzdarstellung der Unterschiede und Anforderungen an den Eigenkapitaleinsatz

Jede Immobilienfinanzierung ist individuell, abhängig von Ihrer Bonität, der Art des Objekts und im Besonderen von Ihren Zielen. Wenn Sie beispielsweise über ein gutes Einkommen verfügen und einen hohen Liquiditätsüberschuss in der Haushaltsrechnung vorweisen können, sind viele Banken bereit, mehr als den alleinigen Kaufpreis zu finanzieren – ob dies für Sie sinnvoll ist, erörtern wir an anderer Stelle. Um die Bankfinanzierung so problemlos wie möglich zu gestalten, möchte ich Ihnen ein paar Leitlinien für die jeweilige Art des Immobilienerwerbs an die Hand geben. Sie werden auch sehen, dass die oft propagierte Faustformel „20% Eigenkapitaleinsatz" einige Unschärfen aufweist, z. B. auf welchen Betrag ist diese anzuwenden und passt sie wirklich auf alle Vorhaben?

Einleitend eine kurze Erläuterung zur Herkunft des Leitsatzes von 20% Eigenkapitaleinsatz. Wie ist dieser entstanden? Grundsätzlich finanzieren Banken gerne Dinge, denen ein Gegenwert gegenübersteht. Somit sind Erwerbsnebenkosten, die im Mittel bei rd. 10% liegen - bei Banken unbeliebt. Ebenso bewertet eine Bank eine Immobilie konservativ. Der seitens der Bank ermittelte Beleihungswert liegt in der Regel unter dem Kaufpreis bzw. den Herstellungskosten beim Neubau. Ursächlich hierfür ist, dass im Falle eines Notverkaufs oftmals Preise erzielt werden, die unter dem Marktwert der Immobilie liegen. Ein durchaus realistischer Beispielfall:

Kaufpreis	100.000 EUR
Nebenkosten	10.000 EUR
Gesamtinvestment	110.000 EUR
Beleihungswert der Bank	80.000 EUR

Es wird ersichtlich, warum Banken an einem gewissen Mindesteigenkapitaleinsatz interessiert sind. Es geht hier rein um die Absicherung für den Fall, dass ein Notverkauf erforderlich wird und die Bank nicht auf einem hohen Restdarlehen sitzen bleiben möchte. Sie können erfragen, in welcher Höhe Ihre Bank Ihre Immobilie bewertet. In den vorvertraglichen Informationen zu Ihrem Darlehensvertrag ist dieser Wert ebenfalls angegeben.

Je nachdem, welches Objekt Sie erwerben oder bauen möchten, verändern sich die Eigenkapitalanforderungen von Banken.
Daher habe ich Ihnen anbei einmal die gängigsten Arten des Eigenheimerwerbs mit Ihren Eigenheiten aufgeführt.

2.1 Kauf einer Immobilie vom Bauträger

Hierbei handelt es sich um den Kauf einer Neubauimmobilie oder kernsanierten Bestandsimmobilie, die nun Neubaustandard aufweist, meist Eigentumswohnungen oder Reihenhäuser. In der Regel bietet der Bauträger einen Komplettpreis an, der eine vollständige Ausstattung inklusive Wand- und Bodenbeläge, Sanitär und Außenanlagen beinhaltet. Lediglich Sonderwünsche bei der vorgenannten Ausstattung bergen hier ein begrenztes Kostensteigerungspotenzial. Aus diesem Grund ist diese Form des Immobilienerwerbs aus Bankensicht sehr beliebt. Ungeachtet dessen sollte die mit dem Bauträger vereinbarte Ausstattung genau im Vertrag definiert sein. Sie sollten sich natürlich der Tatsache bewusst sein, dass Sie bei dieser Art des Immobilienerwerbs zwar keinen Baustress im eigentlichen Sinne haben, allerdings sind die Kaufpreise in der Regel höher als die Kosten beim Bau in Eigenregie – schließlich möchte der Bauträger für seine Arbeit und das eingegangene Risiko entlohnt werden.

Ermittlung der Gesamtkosten

Kaufpreis

Sonderausstattung   individuell, rechnen Sie mit bis zu 20.000 EUR

Grunderwerbsteuer   3,5-6,5% des Kaufpreises, je nach Bundesland

Notar-/Gerichtskosten   rd. 2% des Kaufpreises

Küche   sehr individuell, zwischen 2.000 und 50.000 EUR ist hier alles möglich; Tipp: planen sie diese frühzeitig und setzen Sie sich ein Budget

Einrichtung   wie Möbel, Lampen, Bilder; ebenfalls sehr individuell; bei einer vollständigen Neuausstattung eines Einfamilienhauses sollten jedoch als Minimum 10.000 EUR eingeplant werden

Bankenfinanzierung

Was Banken in der Regel nicht finanzieren: Küche, Einrichtung (Möbel, Lampen, Bilder). Was Banken ungern finanzieren: Erwerbsnebenkosten (Grunderwerbsteuer und Notar-/Gerichtskosten).

Diese Information zeigt Ihnen bereits, wie viel Eigenkapital beim Immobilienerwerb mindestens sinnvoll erscheinen. Als Grundregel gilt: Wollen Sie bei der Bank eine problemfreie Finanzierung erhalten, sollten Sie rd. 20% Eigenkapital für Einrichtung, Küche und Erwerbsnebenkosten mitbringen. Lassen Sie es uns kurz an einem Beispielfall darstellen:

Erwerb eines Reihenhauses vom Bauträger, Kaufpreis 200.000 EUR. So ermitteln Sie das erforderliche Eigenkapital für eine problemfreie Bankfinanzierung – Kapitaldienstfähigkeit vorausgesetzt:

Kaufpreis	200.000 EUR
Sonderausstattung	20.000 EUR
Grunderwerbsteuer 6%	12.000 EUR
Notarkosten 2%	4.000 EUR
Küche (pauschal)	10.000 EUR
Einrichtung	10.000 EUR
Summe	256.000 EUR

Die Bank würde hier den Kaufpreis sowie die Sonderausstattung finanzieren, in Summe 220.000 EUR. Das hier ermittelte Mindesteigenkapital beträgt 36.000 EUR. Dies entspricht 18% des Kaufpreises bzw. rd. 14% der Gesamtkosten von 256.000 EUR.

Hinweis: Natürlich gibt es Banken, bei denen Sie keinerlei Eigenkapital einbringen müssen – es gibt allerdings auch Banken die noch mehr Eigenkapital fordern. Bitte betrachten Sie den o.g. Betrag als eine Mindestgröße, damit Sie für einen Großteil der Banken finanzierbar sind.

2.2 Kauf einer Immobilie mit Renovierungsarbeiten

Beim Erwerb einer Bestandsimmobilie kommt es entscheidend auf deren Zustand an. Im Beispielfall ist Ihr zukünftiges Eigenheim in einem technisch guten Zustand. Es bedarf lediglich einer optischen Modernisierung. Klassischerweise werden neue Böden verlegt und Malerarbeiten vorgenommen. Oftmals werden diese Arbeiten in Eigenleistung erbracht. Auch hier sind die Risiken aus unerwarteten Kostensteigerungen eher gering und daher die Finanzierung von Bestandsimmobilien mit überschaubaren Renovierungsarbeiten bei Banken beliebt.

Ermittlung der Gesamtkosten

Kaufpreis

Grunderwerbsteuer	3,5-6,5% des Kaufpreises, je nach Bundesland
Notar-/Gerichtskosten	rd. 2% des Kaufpreises
Maklercourtage	1,5-3% zzgl. MwSt.; ab 2021 teilen sich Käufer und Verkäufer die Maklercourtage bei dem Erwerb von Einfamilienhäusern und Eigentumswohnungen;

	bis Ende 2020 lagen die Werte noch doppelt so hoch
Renovierung	in Eigenleistung kann dies sehr günstig ausfallen (z.B. 5.000 EUR Materialkosten für eine kompakte Wohnung mit neuem Laminat und neuer Tapete); bei einer Vergabe an Fachbetriebe kann dies schnell auf ein Vielfaches steigen (z. B. 30.000 EUR für ein kompaktes Einfamilienhaus mit Parkett und Malervlies)
Küche	individuell, i.d.R. zwischen 2.000 und 50.000 EUR
Einrichtung	wie Möbel, Lampen, Bilder; ebenfalls sehr individuell; Minimum 10.000 EUR im neu ausgestatteten Einfamilienhaus

Bankenfinanzierung

Banken sind bereit, neben dem Kaufpreis auch die Renovierungsarbeiten zu finanzieren. Ansonsten gelten die gleichen Bedingungen wie beim Erwerb einer Bauträgerimmobilie.

Lassen Sie es uns kurz an einem Beispielfall darstellen: Erwerb einer Eigentumswohnung, Kaufpreis 200.000 EUR zzgl. 5.000 EUR Renovierungsaufwand (nur Material, Maler und Bodenbeläge in Eigenleistung). So ermitteln Sie das erforderliche Eigenkapital – Kapitaldienstfähigkeit vorausgesetzt:

Kaufpreis	200.000 EUR
Renovierungsarbeiten	5.000 EUR
Grunderwerbsteuer 6%	12.000 EUR
Notarkosten 2%	4.000 EUR
Maklercourtage 3%	6.000 EUR
Küche (pauschal)	10.000 EUR
Einrichtung	10.000 EUR
Summe	247.000 EUR

Die Bank würde hier den Kaufpreis sowie die Renovierungsmaßnahmen finanzieren, in Summe 205.000 EUR. Das demnach ermittelte Mindesteigenkapital beträgt 42.000 EUR entsprechend 21% des Kaufpreises bzw. rd. 17% der Gesamtkosten von

247.000 EUR.

Auch hier der Hinweis: Natürlich gibt es Banken, bei denen Sie keinerlei Eigenkapital einbringen müssen – es gibt allerdings auch Banken die noch mehr Eigenkapital fordern. Bitte betrachten Sie den o.g. Betrag als eine Mindestgröße, damit Sie für einen Großteil der Banken finanzierbar sind.

2.3 Kauf einer Immobilie mit umfassenden Sanierungsmaßnahmen

Im Unterschied zum Erwerb einer Immobilie mit Renovierungsbedarf sind hier aufwändige Modernisierungs- und Umbaumaßnahmen erforderlich. Die Erfahrung zeigt, dass Bauen im Bestand in der Regel zu höheren Gesamtkosten führt als ein Neubau. Die Risiken aus unerwarteten Kostensteigerungen sind hier am höchsten. Insbesondere die Überschätzung der eigenen Leistungsfähigkeit bezüglich der eingeplanten Eigenleistung ist ein großer Risikofaktor. Werden hier Eigenleistungen geplant, in der Umsetzung aber tatsächlich Aufträge an Handwerker vergeben, vervielfachen sich die geplanten Kosten rapide. Daher sind Banken bei der Finanzierung dieser Projekte eher restriktiv. Das heißt aber nicht, dass hier eine Finanzierung unmöglich ist – hier ist es nur umso wichtiger, gut vorbereitet zu sein. Elementar ist in jedem Fall die Begleitung durch einen Bauingenieur bzw. Architekten. Dieser sollte auch eine Kostenaufstellung nach DIN 276 erstellen, da diese in der Regel seitens der Bank gefordert wird. Wenn Sie dann noch einen Puffer für Kostensteigerungen einplanen, sind Sie bei gegebener Kapitaldienstfähigkeit natürlich auch für solch ein Projekt finanzierbar.

Ermittlung der Gesamtkosten

Kaufpreis

Grunderwerbsteuer 3,5-6,5% des Kaufpreises, je nach Bundesland

Notar-/Gerichtskosten rd. 2% des Kaufpreises

Maklercourtage 1,5-3% zzgl. MwSt.

Sanierungsmaßnahmen sofern Sie kein Handwerker sind, können Sie nur begrenzt Eigenleistung einbringen; üblicherweise sind dies Renovierungsmaßnahmen (Malerarbeiten, Bodenbeläge) und kleinere Abrissarbeiten wie z. B. alte Holzdecken abschlagen, Türen und Fenster ausbauen, Wanddurchbrüche – entsprechendes Werkzeug kann man problemlos tage- oder wochenweise leihen; die Kosten bei einer Sanierung kennen keine Grenzen, beginnen allerdings bei einem kompakten Haus bei Einbau neuer Fenster, einer neuen Heizung, neuer

	Bäder und Renovierungsarbeiten bereits schnell bei 80.000 EUR.
Küche	individuell, i.d.R. zwischen 2.000 und 50.000 EUR
Einrichtung	sehr individuell; mind. 10.000 EUR im neu ausgestatteten Einfamilienhaus

Bankenfinanzierung

Banken sind hier bereit neben dem Kaufpreis auch die Sanierungsarbeiten zu finanzieren – sofern es sich nicht um Luxussanierungen handelt (z. B. Pool, Sauna, Dampfbad, Designerbad, Stuckdecken); bei Luxussanierungen ist der Teil der Kosten, der über das übliche Maß von gehobener Ausstattung hinausgeht mit Eigenkapital zu finanzieren.

Als Grundregel gilt auch hier: Wollen Sie bei der Bank eine problemfreie Finanzierung erhalten, sind Sie mit rd. 20% Eigenkapital für Einrichtung, Küche und Erwerbsnebenkosten gut positioniert. Zudem sollten Sie einen Puffer von 20% der Sanierungskosten für Unvorhergesehenes vorhalten, um nicht eine Nachfinanzierung zu benötigen. Sollte Ihr Eigenkapital hierfür nicht ausreichen, sollten Sie den Kostenpuffer zumindest bei der Bankfinanzierung einplanen. Hier der Beispielfall:

Erwerb eines sanierungsbedürftigen Einfamilienhauses, Kaufpreis 200.000 EUR zzgl. 100.000 EUR Sanierung (Fenster, Heizung, Bäder, Boden, Maler). So ermitteln Sie das erforderliche Eigenkapital – Kapitaldienstfähigkeit vorausgesetzt):

Kaufpreis	200.000 EUR
Sanierungsarbeiten	100.000 EUR
Sanierungskostenpuffer 20%	20.000 EUR
Grunderwerbsteuer 6%	12.000 EUR
Notarkosten 2%	4.000 EUR
Maklercourtage 3%	6.000 EUR
Küche (pauschal)	10.000 EUR
Einrichtung	10.000 EUR
Summe	362.000 EUR

Die Bank würde demnach den Kaufpreis sowie die Sanierungsmaßnahmen inklusive Kostenpuffer finanzieren, in Summe 320.000 EUR. Das hier ermittelte Mindesteigenkapital beträgt 42.000 EUR, entsprechend 21% des Kaufpreises bzw. rd. 12%

der Gesamtkosten inklusive des Sanierungskostenpuffers von 362.000 EUR. Dies ist das absolute Minimum, noch besser wäre es, wenn der Sanierungskostenpuffer von 20.000 EUR aus Eigenkapital finanziert werden würde. Mit einem eingebrachten Eigenkapital von 62.000 EUR entsprechend 31% des Kaufpreises bzw. 17% der Gesamtkosten inklusive des Sanierungspuffers würde Ihre Finanzierbarkeit nochmals erheblich verbessern.

Auch hier der Hinweis: Natürlich gibt es Banken, bei denen Sie keinerlei Eigenkapital einbringen müssen – es gibt allerdings auch Banken die noch mehr Eigenkapital fordern. Bitte betrachten Sie den o.g. Betrag als eine Mindestgröße, damit Sie für einen Großteil der Banken finanzierbar sind.

2.4 Neubau einer Immobilie

Der Neubau eines Hauses ist für Bauherrn eine besondere Herausforderung. Unabhängig davon, ob der Bau zum „Festpreis" mit einem Generalunternehmer oder in Einzelgewerkvergabe mit einem Architekten erfolgt, ist der Neubau immer eine zeitliche und nervliche Belastung für Bauherrn. Zudem besteht hier ähnlich dem Bauen im Bestand ein Kostensteigerungsrisiko. Banken sehen insbesondere bei einer Einzelgewerkvergabe höhere Anforderungen hinsichtlich des Baukostenpuffers vor. Zudem ist auch hier eine Kostenaufstellung nach DIN 276 zu erstellen.

Ermittlung der Gesamtkosten

Kaufpreis

Grunderwerbsteuer	3,5-6,5% des Grundstückskaufpreises, je nach Bundesland
Notar-/Gerichtskosten	rd. 2% des Grundstückskaufpreises
Maklercourtage	3-5% zzgl. MwSt. des Grundstückskaufpreises
Baukosten	inkl. Baunebenkosten, sofern Sie kein Handwerker sind, beschränken sich

Eigenleistung üblicherweise auf Malerarbeiten, Bodenbeläge; die Kosten eines Neubaus kennen – wie bei einer umfassenden Sanierung – keine Grenzen. Sie sollten im Jahr 2021 jedoch mit mind. 2.500 EUR pro qm Wohnfläche für einen Neubau im KfW55-Standard rechnen.

Außenanlagen auch hier kennen die möglichen Kosten keine Grenzen; sie beginnen bei 20.000 EUR Materialkosten bei vollständiger Eigenleistung – entsprechendes Werkzeug kann man problemlos tage- oder wochenweise leihen – und können schnell bis zu 80.000 EUR bei voller Fremdvergabe betragen; aus persönlicher Erfahrung kann ich Ihnen sagen, dass Außenanlagen in Eigenleistung sehr viel Zeit binden; schnell sind 2 Jahre ohne freie Wochenenden oder Urlaube vorüber; entscheiden Sie selbst, ob Ihnen die durchaus erheblichen Einsparpotenziale diese Entbehrungen wert sind

Küche
individuell, i.d.R. zwischen 2.000 und 50.000 EUR

Einrichtung
wie Möbel, Lampen, Bilder – ebenfalls sehr individuell; Minimum 10.000 EUR im neu ausgestatteten Einfamilienhaus

Bankenfinanzierung

Banken sind hier bereit neben dem Grundstückskaufpreis auch die Baukosten vollständig zu finanzieren – sofern es sich nicht um Luxusbauten handelt (z. B. Pool, Sauna, Dampfbad, Designerbad, Stuckdecken); hier ist der Teil der Kosten, der über das übliche Maß von gehobener Ausstattung hinausgeht mit Eigenkapital zu finanzieren. Sie sollten einen Puffer für unvorhergesehenes von 20% der gesamten Herstellungskosten (Baukosten inkl. Außenanlagen) vorhalten, um eine Nachfinanzierung zu vermeiden. Sollten Sie nicht über ausreichend Eigenkapital hierfür verfügen, sollten Sie den Kostenpuffer zumindest in der Bankfinanzierung einplanen. Hier der Beispielfall:

Erwerb eines Grundstücks und Bau eines Einfamilienhauses; Kaufpreis Grundstück 200.000 EUR, Baukosten 375.000 EUR, Außenanlagen 40.000 EUR. So ermitteln Sie das erforderliche Eigenkapital – Kapitaldienstfähigkeit vorausgesetzt:

Kaufpreis Grundstück	200.000 EUR
Baukosten	375.000 EUR
Außenanlagen	40.000 EUR
Baukostenpuffer 20%	83.000 EUR
Grunderwerbsteuer 6%	12.000 EUR
Notarkosten 2%	4.000 EUR
Maklercourtage 6%	12.000 EUR
Küche (pauschal)	10.000 EUR
Einrichtung	10.000 EUR
Summe	746.000 EUR

Die Bank würde den Kaufpreis, die Baukosten und die Außenanlagen finanzieren, in Summe 615.000 EUR. Das Mindesteigenkapital beträgt somit 131.000 EUR, entsprechend 21% der Grundstücks- und Baukosten inkl. Außenanlagen bzw. rd. 18% der Gesamtkosten von 746.000 EUR. Im Gegensatz zum Erwerb einer sanierungsbedürftigen Immobilie ist hier die Bereitschaft der Banken zur Finanzierung des Kostenpuffers deutlich geringer, was in der Regel an der absoluten Höhe des Kostenpuffers liegt.

Auch hier gilt: Es gibt Banken, bei denen Sie kein Eigenkapital einbringen müssen – es gibt auch Banken die mehr Eigenkapital fordern. Bitte betrachten Sie den o.g. Betrag als eine Mindestgröße, damit Sie für einen Großteil der Banken finanzierbar sind.

Zusammenfassung

Wie sie sehen, setzen sich die Investitionen bei den verschiedenen Arten des Immobilienerwerbs äußerst unterschiedlich zusammen und werden auch unterschiedlich durch die finanzierende Bank beurteilt. Daraus folgen unterschiedliche Eigenkapitalanforderungen belegt.

3   Wie viel Eigenkapital wollen und können Sie einbringen?

Nun wissen Sie, wie viel Eigenkapital Sie mindestens einbringen sollten, damit eine Bank Sie bereitwillig finanziert. Nun sollten wir noch klären, wie viel Eigenkapital Sie einbringen wollen und können. Dieser Aspekt wird oftmals von Banken in der Beurteilung vernachlässigt. Hier gibt es jedoch ein paar Grundregeln zu beachten, um sich selbst zu schützen:

1.   Investieren Sie nie all Ihre Guthaben

Um die Darlehensrate und auch den Darlehenszins niedrig zu halten, ist man gerne versucht, alle Ersparnisse ins Eigenheim zu investieren. Dies ist jedoch fatal. Es ist elementar, dass Sie einen Sicherheitspuffer vorhalten. Wie hoch dieser Puffer sein sollte, hängt stark von Ihrem persönlichen Sicherheitsbedürfnis ab. Meine Faustformel lautet: Bei uns ist das teuerste Konsumgut im Haushalt der Pkw. Wenn dieser wegen eines Unfalls oder technischen Defekts ersetzt werden müsste, sollten nach dem Kauf eines Ersatzfahrzeugs noch immer Guthaben in Höhe von zwei bis drei Monatsnettogehältern als Reserve vorhanden sein - schließlich gibt es noch Urlaubsreisen oder Haushaltsgeräte, die eventuell ersetzt werden müssen.

2.   Bitte fassen Sie nicht Ihre Altersvorsorge an

Sie haben sich bereits um Ihre Altersvorsorge gekümmert, indem Sie Lebens- und Rentenversicherungen abgeschlossen oder in Wertpapiere bzw. vermietete Immobilien investiert haben – gut! Lassen Sie diese bitte weiterlaufen. Es wird oft propagiert, dass die selbstgenutzte Immobilie die beste Altersvorsorge ist. Im Alter keine teure Miete zahlen zu müssen ist tatsächlich sinnvoll. Allerdings muss eine Immobilie instandgehalten werden. Aus welchen Mitteln wollen Sie dies im Alter bezahlen, wenn Sie für den Erwerb seinerzeit Ihre Altersvorsorge aufgelöst haben?

3.   Verlieren Sie Ihr übergeordnetes Ziel nicht aus den Augen

Was ist Ihr Ziel? Möchten Sie zum Renteneintritt entschuldet sein? Dann bietet sich ein maximal möglicher Eigenkapitaleinsatz unter Berücksichtigung der beiden vorgenannten Punkte an. Wollen Sie parallel zu Ihrem Eigenheimerwerb auch noch

Immobilien zur Vermietung erwerben? Dann sollten Sie ausreichend Eigenkapital für die Anlageimmobilien zurückbehalten. Wie viel Sie hierfür benötigen ist ein gesondertes Thema, das detailliert zu besprechen ist.[3] Bitte werden Sie sich daher zuerst im Klaren darüber, was Ihre finanziellen Ziele sind.

Wenn Sie auf die Frage Ihres Bankberaters, warum Sie nicht noch mehr Ihrer Ersparnisse als Eigenkapital einbringen möchten, die vorgenannten Argumente nennen, wird Ihr Berater davon überzeugt sein, dass Sie sich intensiv mit Ihrem Vorhaben auseinandergesetzt haben und schon sind Sie einen Schritt näher an Ihrem Eigenheim.

---

[3] Aktuell schreibe ich an einem Buch mit dem vorläufigen Titel „Baufinanzierung für Investoren und Kapitalanleger – so gelingt die Finanzierung Ihres Investments; Tipps aus Sicht eines Bankers"; dort werden Sie hilfreiche Tipps und Anregungen finden

4 Wie sind Ihre Vermögensverhältnisse?

Bei jeder größeren Finanzierungsanfrage wie z.B. dem Erwerb eines Eigenheims prüft die finanzierende Bank auch Ihre Vermögensverhältnisse. Grundsätzlich gilt, dass Sie mehr Vermögen als Schulden vorweisen sollten. Um dies zu ermitteln, müssen zu zuerst einmal all Ihre Vermögenswerte Ihren Verbindlichkeiten gegenüberstellen. Gerne können Sie hierzu das von mir entworfene Muster verwenden.[4] Doch was zählt alles zum Vermögen bzw. gilt als Verbindlichkeit?

Vermögen

Bitte geben Sie alle Vermögenswerte an, die sich in Ihrem Eigentum befinden. Als Wert geben Sie bitte realistische Größen an und unterlegen Sie diese idealerweise mit Nachweisen.

Immobilien	Sofern Sie bereits Immobilien besitzen, zählen diese als Vermögen. Bitte setzen Sie hier den Kaufpreis bzw.

---

[4] Anlage 2: Vermögensübersicht

die Herstellungskosten bei selbst gebauten Immobilien an. Wenn diese Werte nicht mehr passend erscheinen, weil das Baujahr bzw. Anschaffungsjahr bereits sehr lange zurückliegt oder die Immobilie geerbt wurde, so können Sie den Wert einer Wohnung oder eines Hauses näherungsweise wie folgt ermitteln: m² Wohnfläche x aktueller m²-Preis. Den Preis können Sie durch Recherche auf den gängigen Immobilienportalen eruieren. Bitte beachten Sie, dass es sich hierbei um Angebotspreise und nicht endgültige Kaufpreise handelt. Folglich sollten Sie hier die Lage des Hauses so weit wie möglich eingrenzen und einen Durchschnittspreis bilden. Selbstverständlich können Sie den Immobilienwert auch durch das Gutachten eines Sachverständigen unterlegen. Da dies jedoch relativ teuer ist, wird die Einbindung eines Sachverständigen für die meisten von Ihnen nicht in Frage kommen.

Betriebliches Vermögen Bitte geben Sie hier den Wert Ihrer Beteiligungen an. Auch hier können Sie natürlich Gutachten von Sachverständigen zu Rate ziehen. Hilfsweise können Sie einen Multiplikator auf Ihr Betriebsergebnis anwenden. Die Höhe des Multiplikators variiert sehr stark zwischen den verschiedenen Branchen. Vorhandene betriebliche Verbindlichkeiten sind hiervon abzuziehen.

Guthaben Setzen Sie hier bitte die aktuellen Werte gemäß Ihres Depot- bzw. Kontoauszugs Ihrer Bank oder Versicherung an.

Sonstiges Vermögen Hierunter fallen z.B. geschlossene Fondsbeteiligungen, Edelmetalle und Photovoltaikanlagen. Setzen Sie diese in Höhe Ihrer Anschaffungskosten, bzw. in Höhe des Restbuchwerts an.

Verbindlichkeiten

Unter Verbindlichkeiten sind alle Finanzierungen zu verstehen, die Sie aufgenommen haben. Die aktuellen Salden entnehmen Sie bitte Ihrem Online-Banking bzw. dem Jahreskontoauszug. Ganz gleich, für welchen Zweck Sie diese Darlehen aufgenommen haben, führen Sie alle Darlehensverbindlichkeiten hier auf. Hierunter fallen auch die gerne durch Handelsunternehmen propagierten Null-Prozent-Finanzierungen für Pkws, Fernseher oder Möbel. Diese Finanzierungen wirken sich immer negativ auf Ihre Vermögensbilanz aus, da die finanzierten Gegenwerte seitens der Bank nicht als Vermögen anerkannt werden.

Sollten Sie über umfangreiches Immobilienvermögen bzw. Versicherungen verfügen, bietet es sich an, dies in einer gesonder-

ten Aufstellung zu erläutern[5].

---

[5] Anhang 3: Immobilienvermögen und -verbindlichkeiten und Anhang 4:
Lebens- und Rentenversicherungen

5 Sind Sie finanzierbar?

In den vorangegangenen Kapiteln haben Sie Ihren Haushalts- und Vermögensüberschuss ermittelt und sich über die Höhe des von Ihnen einzusetzenden Eigenkapitals klar geworden. Sie erfüllen die dort geforderten Mindestkriterien? Gut! Genügt dies nun, um finanzierbar zu sein? Tatsächlich gibt es Banken, denen ein Haushaltsüberschuss, eine positive Vermögensbilanz und ein adäquater Eigenkapitaleinsatz ausreichen, um eine positive Kreditengscheidung zu treffen. Ein Großteil der Banken wird jedoch noch zwei Dinge erwarten:

1. eine positive Schufa-Auskunft
2. eine nicht-negative Bankauskunft

Schufa-Auskunft

An die Schufa werden Handy, Stromverträge, Kontoverbindungen, Kredite und Leasingverträge gemeldet. Der reine Bestand dieser Verträge ist erst einmal neutral. Lediglich das Vorhandensein von Konsumentenkrediten wird kritisch betrachtet. Sofern Sie jedoch die vertraglichen Vereinbarungen nicht einhalten und z.B. Darlehensraten nicht zahlen, wird dies als Negativmerkmal an die Schufa gemeldet. Sollte dies der Fall sein, sind Sie für den Großteil der Banken nicht mehr finanzierbar. Wenn Sie das Spektrum der finanzierungsbereiten Banken folglich breit halten möchten, empfiehlt es sich, bei der Schufa eine Selbstauskunft einzuholen. Die dort gemeldeten Verträge sollten mit den Angaben Ihrer Vermögensübersicht und Ihrer Haushaltsrechnung übereinstimmen. Wichtig: überprüfen Sie die gemeldeten Daten! Es kann immer wieder vorkommen, dass In der Schufa-Auskunft noch Kredite aufgeführt sind, die Sie bereits zurückgezahlt haben. Diese belasten Ihren Schufa-score und können eine Kreditvergabe und somit Ihren Traum vom Eigenheim verhindern.

Bankauskunft

Was ist eine Bankauskunft und wer fordert diese aus welchem Grund an? Eine Bankauskunft ist ein standardisiertes Verfahren zur Bonitätsauskunft und wird von Ihrer Hausbank erstellt, da diese Ihre Kontoführung kennt und somit einen guten Einblick in Ihre Einnahmen- und Ausgabensituation hat. In der Regel wird eine Bankauskunft von einer Bank angefordert, bei der Sie kein Girokonto haben und Sie bei dieser für einen Kredit vorstellig werden. Wenn Sie die Finanzierung Ihres Eigenheims bei Ihrer Hausbank anfragen, erübrigt sich die Bankauskunft natürlich.

Sollten es auf Ihrem Girokonto zu Überziehungen, Lastschriftrückgaben oder Pfändungen kommen, wird dies auf der Bankauskunft angegeben und bei der Auskunft ersuchenden Bank als Risikomerkmal gewertet. Dementsprechend wird diese bei solchen Angaben auf der Bankauskunft sehr restriktiv in der Kreditvergabe sein – ebenso wie die Hausbank selbst. Wie wirken sich diese Auffälligkeiten in der Kontoführung bei Ihrer Hausbank bzw. in der Bankauskunft aus? Sowohl bei der Hausbank als auch bei einer Drittbank führen diese zu Abschlägen im bankinternen Scoring. Wenn die Bank eine rein automatisierte Kreditentscheidung trifft, werden Sie mit Risikomerkmalen bereits durch das Raster fallen und als nicht kreditwürdig eingestuft. Wenn die Bank noch einen „menschlichen" Entscheider hat und Sie plausible Begründungen für die Auffälligkeiten liefern können, haben Sie noch eine realistische Chance für eine positive Kreditentscheidung – allerdings dann zu deutlich schlechteren Zinskonditionen.[6]

---

[6] Analog der Fußnote auf S. 18 sei erwähnt, dass der Zinssatz aus Sicht der Bank immer eine Risikoprämie enthält. Je höher der Zins, desto größer ist das Risiko, dass die Bank in Ihrem Vorhaben sieht.

6   Welche Zinsbindung passt zu Ihnen?

Grundsätzlich tendieren Immobilienerwerber dazu, die maximal mögliche Zinsbindung abzuschließen. Im aktuellen Zinsumfeld – im März 2021 werden für eine Zinsbindung von 15 Jahren zum Teil Zinssätze von unter 1% angeboten – erscheint eine lange Zinsbindung prinzipiell vorteilhaft. Hier ein paar mögliche Rahmenbedingungen und Ereignisse, die diese Entscheidung beeinflussen können:

- **Sie erwarten einen größeren Geldeingang in der Zukunft**
Hier ist es entscheidend, dass dieser Geldeingang auch wirklich realistisch ist <u>und</u> der Zeitpunkt sehr genau bestimmt werden kann (z. B. fälliges Festgeld, Schenkung innerhalb der Familie zu einem vorbestimmten Zeitpunkt wie einem runden Geburtstag). Bitte rechnen Sie nicht mit eventuellen Erbschaften o.ä.

- **Wie hoch ist der aktuelle Zinsaufschlag für Zinsbindungen > 15 Jahre?**
Es gibt Banken und Versicherungsgesellschaften, die Zinsbindungen von 20 oder sogar 30 Jahren anbieten. So verlockend die

Zinssicherheit für die gesamte Laufzeit der Finanzierung erscheinen mag, in der Regel sind die Zinsaufschläge im Vergleich zur 15jährigen Zinsbindung so groß, dass sich diese langen Zinsbindungen nicht für Sie lohnen.

- **Wie hoch ist Ihre Tilgung (siehe auch das nachfolgende Kapitel)?**

Wenn Sie beispielsweise eine Tilgung von 5% p.a. vereinbart haben, so beträgt die Restschuld nach 15 Jahren Zinsbindung nur noch rd. 25% der ursprünglich beantragten Finanzierung. Bei einer solch geringen Restschuld kann es Ihnen weitestgehend gleichgültig sein, wie das Zinsniveau in 15 Jahren aussieht.

- **Sind berufliche Veränderungen zu erwarten?**

Sind Sie in einer Branche mit hoher Veränderungsgeschwindigkeit tätig? Ist Ihr Arbeitgeber für seine hohe Veränderungsbereitschaft bekannt? Oder planen Sie eine berufliche Veränderung? In diesen Fällen kann es Sinn machen, eine kurze Zinsbindungsfrist zu wählen, um einen Objektverkauf ohne zusätzliche Kosten (Vorfälligkeitsentschädigung bei langer Zinsbindung) realisieren zu können.

- **Wie groß ist Ihre Sorge vor einem Anstieg der Zinsen?**

Das Zinsänderungsrisiko in 10 oder 15 Jahren abzuschätzen, ist mehr als schwierig. Eine Zinsbindung bis zur vollständigen Rückzahlung Ihres Darlehens bietet da natürlich Planungssicherheit – hierbei sind die vorgenannten Ereignisse (Verlust des Arbeitsplatzes, Versetzung o.ä.) zu beachten, die manche Planung obsolet werden lassen. Wenn Sie die hohen Zinsaufschläge für 20- oder 30-jährige Zinsbindungen scheuen, können sie auch eine 15-jährige Zinsbindung vereinbaren und diese mit dem Abschluss eines Bausparvertrags kombinieren. Die Funktionsweise des Bausparvertrags an dieser Stelle zu erklären würde den Rahmen sprengen. Doch so viel sei gesagt, diesen müssen Sie während der Zinsbindungsfrist Ihres Darlehens besparen, und können dann zum Ende der Zinsbindung das Bauspardarlehen zu bereits zu Beginn des Vertrags festgelegten Konditionen in Anspruch nehmen. Die Zinssicherheit erkaufen Sie folglich dadurch, dass Sie eine zusätzliche monatliche Belastung durch die Sparrate haben. Zudem sind auch in der Rückzahlungsphase des Bauspardarlehens die monatlichen Raten höher als bei einer klassischen Baufinanzierung Ihrer Hausbank.

Da die Bank durch den zusätzlichen Abschluss des Bausparvertrags eine Provision der Bausparkasse erhält, hilft dieses Modell natürlich, die Bank positiv zu stimmen. Ob es für Sie sinnvoll ist, sollten trotzdem Sie entscheiden.

Unabhängig davon, welche Zinsbindungsfrist bzw. welches Modell Sie wählen, vereinbaren Sie ein Sondertilgungsrecht. Üblicherweise sind 5% Sondertilgungsrecht ohne Zinsaufschlag möglich. Ein höheres Sondertilgungsrecht macht regelmäßig keinen Sinn, da einerseits nicht genug Liquidität zur Ausnutzung des Sondertilgungsrechts vorhanden ist und gleichzeitig für dieses Recht durch die Bank ein höherer Zins verlangt wird.

Fazit

Ganz gleich, für welche Zinsbindung Sie sich entscheiden, Sie sollten es entsprechend begründen können. Generell wird von Ihrer Bank eine möglichst langfristige Zinsbindung positiv gesehen, kurze Zinsbindungsfristen bewertet die Bank als größeres Risiko.

7 Wie hoch soll Ihre Darlehensrate sein – oder wie flexibel möchten Sie bleiben?

Auch beim Thema Darlehensrate gilt es, die eigenen Zielvorstellungen mit der Erwartungshaltung der Bank in Einklang zu bringen. Hier kommt es entscheidend darauf an, zu welchem Zeitpunkt Sie entschuldet sein möchten. Die Wohnimmobilienkreditrichtlinie verlangt von Banken, dass Kreditnehmer entweder bis zum Renteneintritt vollständig entschuldet sind oder die Darlehensbelastung aus den zu erwartenden Rentenzahlungen begleichen können. In der Folge liegt die seitens der Bank erwartete Mindesttilgung je nach Alter des Kreditnehmers bei rd. 2%. In der Praxis hat sich hier eine Tilgung zwischen 2,5 und 3,5% etabliert. Mit dieser fixen Tilgungsleistung erreichen Sie bereits zum Ende einer Zinsbindungsfrist von 15 Jahren eine wesentliche Entschuldung von 40 bis 57%. Die gesamte Darlehenslaufzeit liegt dann zwischen 33 und 25 Jahren – je nachdem, welche Vereinbarung zum Ende der Zinsbindungsfrist getroffen wird. Wenn diese fest vereinbarte Tilgung nicht ausreicht, um Ihr Entschuldungsziel zu erreichen, kommt das kostenlose Sondertilgungsrecht von 5% p.a. zum Tragen. Wenn Sie selbiges konsequent zur schnelleren Entschuldung nutzen, sind Sie auch bei einer fixen Tilgung von nur 2,5% bereits vor dem Ende der 15jährigen Zinsbindungsfrist schuldenfrei.

Vielleicht fragen Sie sich: warum dann nicht einfach eine feste Tilgung von 7,5% vereinbaren? Flexibilität ist hier Trumpf. Falls Sie einmal in Kurzarbeit oder sogar kurzfristig in Arbeitslosigkeit geraten sollten, falls das zweite Einkommen durch die Geburt Ihres Kindes wegfällt oder Ihr Auto ersetzt werden muss, werden Sie froh sein, wenn Sie keine hohe, fixe Darlehensbelastung pro Monat haben. In dieser Situation zu Ihrer Bank zu gehen und um eine Tilgungsaussetzung zu bitten – das macht weder Ihnen Spaß noch Ihrem Bankberater. Mit einer niedrigen Darlehensbelastung können Sie diese unangenehme Situation in den meisten Fällen vermeiden.

Wenn Sie Ihr Sondertilgungsrecht konsequent nutzen möchten, empfiehlt es sich, monatlich einen fixen Betrag auf ein gesondertes Tagesgeldkonto zu überweisen. Sollte nichts Ungeplantes passieren, nutzen Sie Ihr Sondertilgungsrecht. Wenn ein außerordentliches Ereignis eintreten sollte, können Sie den angesparten Betrag hierfür verwenden. So bleiben Sie maximal flexibel und können dennoch die zügige Rückführung Ihres Darlehens sicherstellen.

Exkurs: endfällige Darlehen

Bei dieser Variante erfolgt keine laufende Tilgung des Darlehens, die Rückzahlung erfolgt am Ende der Laufzeit in einer Summe. Um die Rückzahlung sicher zu stellen wird ein sogenannter Tilgungsersatz bespart. Dies sind üblicherweise Lebensversicherungen, Bausparverträge oder (seltener) Investmentfonds. Dieses Modell macht für selbstgenutzte Immobilien keinen Sinn und wird daher nicht näher behandelt.

Fazit

Mit einer Tilgungsvereinbarung von mind. 2,5% sowie einem Sondertilgungsrecht von 5% p.a. bewegen Sie sich einerseits in einem Rahmen, der gerne von Banken finanziert wird. Gleichzeitig sichern Sie Ihre finanzielle Flexibilität.

8 Welche Fördermittel können eingebunden werden – Eine Darstellung von Pro und Contra

Es gibt neben den bundeseinheitlichen Förderprogrammen der Kreditanstalt für Wiederaufbau (KfW) noch diverse Fördermittel der Landesförderbanken. Diese werden zudem regelmäßig neu überarbeitet. Aus diesem Grund stelle ich Ihnen nur die für die Eigenheimfinanzierung per Juli 2021 üblichen KfW-Förderung in einer groben Übersicht vor. Für Details prüfen Sie bitte die Webseiten der KfW bzw. Ihrer Landesförderbank. Auch wenn es sich um Darlehensmittel der KfW handelt, werden die Darlehen über Ihre Hausbank beantragt.

KfW-Wohneigentumsprogramm (Nr. 124)

Das Programm richtet sich an Erwerber und Bauherren von selbstgenutztem Eigentum. An dieses Programm sind keine besonderen Bedingungen geknüpft, die Konditionen bewegen sich auf dem Niveau normaler Bankdarlehen. Es sind Zinsbindungen bis zu 20 Jahre möglich.

Eine Inanspruchnahme dieses Programms ist nur rentabel, wenn der aktuelle Zins des KfW-Darlehens spürbar unter dem des Bankdarlehens liegt oder Sie eine 20jährige Zinsbindung bevorzugen und man Ihnen für das Hausbankdarlehen max. 15 Jahre Zinsbindung anbietet.

Wohngebäude Kredit/Zuschuss (261/262)

Hier bietet die KfW entweder Förderdarlehen mit Tilgungszuschüssen oder reine Zuschüsse ohne die Inanspruchnahme eines Förderdarlehens der KfW an Erreichen verschiedener Energiestandards an. Diese liegen oberhalb der gesetzlich geforderten Energieeffizienz der Energieeinsparverordnung (EnEV). Hierzu wird ein Energieberater benötigt. Die Kosten des Energieberaters können zudem über einen Zuschuss Baubegleitung gefördert werden. Die Förderbedingungen Stand 07/2021 sehen Sie nachfolgend aufgeführt:

Wohngebäude – Kredit (261/262)

Annuitätendarlehen

Beim Annuitätendarlehen zahlen Sie in den ersten Jahren (tilgungsfreie Anlaufzeit) nur Zinsen – danach gleich hohe monatliche Annuitäten ❶

Sollzins pro Jahr (effektiver Jahreszins ❶)	Laufzeit	Tilgungsfreie Anlaufzeit ❶	Zinsbindung ❶
0,66 % (0,66 %)	4 bis 10 Jahre	1 bis 2 Jahre	10 Jahre
0,82 % (0,82 %)	11 bis 20 Jahre	1 bis 3 Jahre	10 Jahre
0,87 % (0,87 %)	21 bis 30 Jahre	1 bis 5 Jahre	10 Jahre

Endfälliges Darlehen

Beim endfälligen Darlehen zahlen Sie während der gesamten Laufzeit nur die Zinsen und am Ende den kompletten Kreditbetrag in einer Summe zurück.

Sollzins pro Jahr (effektiver Jahreszins ❶)	Laufzeit und Zinsbindung
0,89 % (0,89 %)	4 bis 10 Jahre

Baubegleitung

Die Baubegleitung fördern wir mit einem zusätzlichen Kreditbetrag und Tilgungszuschuss.

Immobilie	Max. Kreditbetrag	Tilgungszuschuss
Ein- und Zweifamilienhaus, Doppelhaushälfte und Reihenhaus	10.000 Euro je Vorhaben, bei dem eine neue Effizienzhaus-Stufe erreicht wird	50 %, bis zu 5.000 Euro
Eigentumswohnung ❶	4.000 Euro je Vorhaben, bei dem eine neue Effizienzhaus-Stufe erreicht wird	50 %, bis zu 2.000 Euro
Mehrfamilienhaus mit 3 oder mehr Wohneinheiten	4.000 Euro je Wohneinheit, bis zu 40.000 Euro je Vorhaben, bei dem eine neue Effizienzhaus-Stufe erreicht wird	50 %, bis zu 20.000 Euro

Die Höhe des Tilgungszuschusses unterscheidet zum Einen nach dem Effizienzgrad, den Sie mit Ihren Maßnahmen erreichen möchten und zum Anderen danach ob es sich um einen Neubau oder eine Sanierung eines bestehenden Objekts handelt.

Neubauimmobilien

Effizienzhaus	Tilgungszuschuss in % je Wohneinheit ⓘ	Betrag je Wohneinheit ⓘ
Effizienzhaus 40 Plus	25 % von max. 150.000 Euro Kreditbetrag	bis zu 37.500 Euro
Effizienzhaus 40	20 % von max. 120.000 Euro Kreditbetrag	bis zu 24.000 Euro
Effizienzhaus 40 Erneuerbare-Energien-Klasse oder Nachhaltig-keits-Klasse	22,5 % von max. 150.000 Euro Kreditbetrag	bis zu 33.750 Euro
Effizienzhaus 55	15 % von max. 120.000 Euro Kreditbetrag	bis zu 18.000 Euro
Effizienzhaus 55 Erneuerbare-Energien-Klasse oder Nachhaltig-keits-Klasse	17,5 % von max. 150.000 Euro Kreditbetrag	bis zu 26.250 Euro

Den Tilgungszuschuss schreiben wir Ihnen nach Abschluss Ihres Vorhabens gut. Eine Barauszahlung oder Überweisung ist nicht möglich.

Sanierung von Bestandsimmobilien

Effizienzhaus	Tilgungszuschuss in % je Wohneinheit ❶	Betrag je Wohneinheit ❶
Effizienzhaus 40	45 % von max. 120.000 Euro Kreditbetrag	bis zu 54.000 Euro
Effizienzhaus 40 Erneuerbare-Energien-Klasse	50 % von max. 150.000 Euro Kreditbetrag	bis zu 75.000 Euro
Effizienzhaus 55	40 % von max. 120.000 Euro Kreditbetrag	bis zu 48.000 Euro
Effizienzhaus 55 Erneuerbare-Energien-Klasse	45 % von max. 150.000 Euro Kreditbetrag	bis zu 67.500 Euro
Effizienzhaus 70	35 % von max. 120.000 Euro Kreditbetrag	bis zu 42.000 Euro
Effizienzhaus 70 Erneuerbare-Energien-Klasse	40 % von max. 150.000 Euro Kreditbetrag	bis zu 60.000 Euro
Effizienzhaus 85	30 % von max. 120.000 Euro Kreditbetrag	bis zu 36.000 Euro
Effizienzhaus 85 Erneuerbare-Energien-Klasse	35 % von max. 150.000 Euro Kreditbetrag	bis zu 52.500 Euro
Effizienzhaus 100	27,5 % von max. 120.000 Euro Kreditbetrag	bis zu 33.000 Euro
Effizienzhaus 100 Erneuerbare-Energien-Klasse	32,5 % von max. 150.000 Euro Kreditbetrag	bis zu 48.750 Euro
Effizienzhaus Denkmal	25 % von max. 120.000 Euro Kreditbetrag	bis zu 30.000 Euro
Effizienzhaus Denkmal Erneuerbare-Energien-Klasse	30 % von max. 150.000 Euro Kreditbetrag	bis zu 45.000 Euro

Den Tilgungszuschuss schreiben wir Ihnen nach Abschluss Ihres Vorhabens gut. Eine Barauszahlung oder Überweisung ist nicht möglich.

Wohngebäude-Zuschuss (461)

Effizienzhaus	Zuschuss in % je Wohneinheit ❶	Betrag je Wohneinheit ❶
Effizienzhaus 40 Plus	25 % von max. 150.000 Euro förderfähigen Kosten	bis zu 37.500 Euro
Effizienzhaus 40	20 % von max. 120.000 Euro förderfähigen Kosten	bis zu 24.000 Euro
Effizienzhaus 40 Erneuerbare-Energien-Klasse oder Nachhaltigkeits-Klasse	22,5 % von max. 150.000 Euro förderfähigen Kosten	bis zu 33.750 Euro
Effizienzhaus 55	15 % von max. 120.000 Euro förderfähigen Kosten	bis zu 18.000 Euro
Effizienzhaus 55 Erneuerbare-Energien-Klasse oder Nachhaltigkeits-Klasse	17,5 % von max. 150.000 Euro förderfähigen Kosten	bis zu 26.250 Euro

[7]

Ob sich der nächsthöhere Energiestandard mit höheren (Tilgungs-)Zuschüssen für Sie rechnet, müssen Sie persönlich entscheiden – ich selbst habe mich in 2015 aus Gründen der Zukunftssicherheit bewusst für den Standard KfW40Plus entschieden.

---

[7] Quellen:
https://www.kfw.de/inlandsfoerderung/Privatpersonen/Neubau/F%C3%B6rderprodukte/Bundesf%C3%B6rderung-f%C3%BCr-effiziente-Geb%C3%A4ude-Wohngeb%C3%A4ude-Kredit-(261-262)/
https://www.kfw.de/inlandsfoerderung/Privatpersonen/Neubau/F%C3%B6rderprodukte/Bundesf%C3%B6rderung-f%C3%BCr-effiziente-Geb%C3%A4ude-Wohngeb%C3%A4ude-Zuschuss-(461)/

Fazit

+ Durch Zuschüsse sind gute Konditionen für Sie möglich

+ insbesondere, wenn Sie einen hohen Energiestandard planen, ist die Einbindung sinnvoll

- keine Tilgungsaussetzungen möglich bei wirtschaftlichen Schwierigkeiten

- kein Sondertilgungsrecht

- bei Wohngebäude – Kredit maximal 10 Jahre Zinsbindung möglich

- hoher Bearbeitungsaufwand für die Hausbank

- geringerer Ertrag für die Hausbank als bei einer „normalen" Baufinanzierung

KfW-Darlehen können sich wirtschaftlich für Sie lohnen, nehmen Ihnen jedoch Flexibilität und bringen Ihnen in keinem Fall Pluspunkte bei der finanzierenden Bank. Daher ist es zu begrüßen, dass die KfW seit Juli 2021 eine reine Zuschussförderung anbietet. Diese können Sie natürlich trotzdem zur Reduzierung Ihrer Verbindlichkeiten einsetzen, indem Sie Sondertilgungen auf Ihre Hausbankdarlehen vornehmen. So bleibt Ihnen die volle Flexibilität in der Finanzierungsgestaltung erhalten.

9 Was sind bankübliche Sicherheiten?

Ihre Bank wird Ihnen die Finanzierung nicht ohne Sicherheiten zur Verfügung stellen. Zuerst: Warum Sicherheiten? Für den Fall Sie in wirtschaftliche Schwierigkeiten geraten und – wichtig – <u>dauerhaft</u> nicht in der Lage sind die Darlehensraten zu begleichen, dann möchte die Bank Zugriff auf Vermögenswerte haben, die sie verwerten kann. Hierzu ist die Bank nicht nur aus wirtschaftlichen Gesichtspunkten verpflichtet, auch die Bankenaufsicht überprüft regelmäßig, ob die Kreditvergabekriterien der Bank angemessen sind. Wichtig, die Sicherheitenverwertung wird erst relevant, wenn Sie Ihren Verpflichtungen aus dem Darlehensvertrag nicht mehr nachkommen. Üblicherweise werden die nachfolgend genannten Sicherheiten seitens Ihrer Bank gefordert.

Bei jeder Bank:

Buchgrundschuld mit Zwangsvollstreckungsklausel in Darlehenshöhe

Auf Ihrem neuen Eigenheim lässt die finanzierende Bank eine Grundschuld eintragen. Nach Rückzahlung des Darlehens erhalten Sie für diese eine sogenannte Löschungsbewilligung, mit der Sie die Grundschuld im Grundbuch löschen lassen können. Die Zwangsvollstreckungsklausel erlaubt es der Bank im Falle der Verwertung schneller agieren zu können. Andernfalls müsste die Bank erst vor Gericht einen vollstreckbaren Titel erlangen, wenn Sie Ihren Verpflichtungen nicht mehr nachkommen. Diesen würde sie erhalten, jedoch würde es schlichtweg länger dauern. Bitte wundern Sie sich nicht, dass die Buchgrundschuld mit einem hohen Zinssatz von z.B.: 15% eingetragen wird. Diesen müssen Sie natürlich nicht zahlen, sondern nur den Zins, der im Darlehensvertrag vereinbar ist. Der Grundschuldzins ist lediglich so hoch gewählt, um auflaufende Kosten und rückständige Darlehensraten aufzufangen.

Bei einigen Instituten:

Stille Gehaltsabtretung

Hier treten Sie Ihre Gehaltszahlungen an die finanzierende Bank ab. Dies wird von der Bank jedoch nicht gegenüber Ihrem Arbeitgeber offengelegt, daher nennt man es „stille" Abtretung. Dies wird tatsächlich erst im Verwertungsfall erfolgen, also wenn Sie nicht mehr zahlen können. Natürlich erhält die Bank selbst dann nicht 100% Ihres Gehalts. Der sogenannte Pfändungsfreibetrag verbleibt in jedem Fall bei Ihnen, um den Lebensunterhalt bestreiten zu können.

Abschluss und Abtretung einer Risikolebensversicherung

Wann fordert die Bank diese Sicherheit? In der Regel wird diese gefordert, wenn die beantragten Darlehensmittel deutlich über dem Wert liegen, den die Bank Ihrer Immobilie beimisst. Zudem hängt Ihre Kapitaldienstfähigkeit wesentlich von einem Hauptverdiener ab. Im Todesfall des Hauptverdieners würde so der Verkaufserlös der Immobilie nicht ausreichen, um das Darlehen zurückzuführen. Der Differenzbetrag würde durch die Risikolebensversicherung abgedeckt werden.

10 Notwendige Versicherungen für die Bankfinanzierung – welche sind zusätzlich empfehlenswert

Es gibt unzählige Versicherungsprodukte, manche sinnvoll, manche überflüssig. Für eine Baufinanzierung genügen wenige aber dafür wichtige Versicherungen. Ihre Bank fordert im Regelfall lediglich den Abschluss einer

Gebäudeversicherung

Diese sollte Feuer-, Wasser-, Blitz- und Sturmschäden beinhalten. Bei Neubauten schließt diese auch die Rohbauversicherung mit ein. Hierdurch will die Bank sicherstellen, dass Ihr Eigenheim auch im Falle ungeplanter Ereignisse wieder vollständig instandgesetzt werden kann und so seinen Wert behält.

Zusätzlich ist noch der Abschluss der nachfolgenden Versicherungen ratsam. So zeigen Sie der finanzierenden Bank, dass Sie sich auch mit den Risiken des Eigenheimerwerbs und der Finanzierung beschäftigt haben.

Risikolebensversicherung

Die Risikolebensversicherung sollte mindestens in Höhe der aufgenommenen Darlehensmittel abgeschlossen werden, denn sie soll nicht die Bank, sondern Ihre Familie absichern. Sie soll für den Fall, dass der Hauptverdiener versterben sollte, die Baufinanzierung zurückführen, so dass Ihre Familie schon einmal das Dach über dem Kopf gesichert hat. Steuerliche Themen sollten Sie gesondert klären. Hier nur der Hinweis, dass die Freibeträge zwischen Ehegatten durch hohe Versicherungssummen schnell ausgeschöpft werden können. Daher kann ggf. der Abschluss der Versicherung mit dem gering verdienenden Ehegatten als Versicherungsnehmer und dem Hauptverdiener als versicherte Person ratsam ist.

Für den Neubau: Bauherrenhaftpflichtversicherung

Personen- und Sachschäden durch das Verhalten von Personen am Bau sind regelmäßig nicht durch die normale – und grundsätzlich empfehlenswerte – Haftpflichtversicherung abgedeckt. Diese Schäden werden explizit durch die in der Regel nur auf 3

Jahre befristet laufende Bauherrenhaftpflichtversicherung abgedeckt. Da die Schadenssummen beim Bau schnell in die Höhe schießen können, ist diese Versicherung für den Neubau unverzichtbar

Weitere Versicherungen wie die Bauleistungsversicherung (Ersatz für entwendetes oder beschädigtes Baumaterial) oder die Hausratversicherung (für das meist ebenfalls neue Inventar Ihres neuen Eigenheims) sind auf jeden Fall eine Überlegung wert und sollten in Betracht gezogen werden. Die größten und für die Bank wesentlichen Risiken haben Sie bereits mit den vorgenannten Versicherungen abgedeckt.

11 Die Dokumentenschlacht - oder welche Unterlagen Sie Ihrer Bank vorlegen

Wenn Sie eine Kreditanfrage bei Ihrer Bank stellen, benötigt diese eine Reihe von Unterlagen, bevor sie Ihnen eine Finanzierungsbestätigung oder die Darlehensverträge zukommen lassen kann. Wir unterteilen diese der Übersichtlichkeit halber in Bonitätsunterlagen und Objektunterlagen. Nachfolgend finden Sie daher zwei Übersichten über die erforderlichen Unterlagen.

Bonitätsunterlagen

erforderliche Unterlagen für	Arbeitnehmer	Selbständige
letzte 3 Gehaltsabrechnungen	x	
aktueller Einkommensteuerbescheid	x	x
aktuelle Einkommensteuererklärung		x
Vermögensaufstellung	x	x
Mietaufstellung – sofern vermietete Immobilien vorhanden	x	x
letzte Gewinnermittlung nach §4 Abs. 3 EStG bzw. letzter Jahresabschluss nach HGB		x
aktuelle Betriebswirtschaftliche Auswertung (BWA)		x

Objektunterlagen

erforderliche Unterlagen für Ihr	Einfamilien-, Reihen,- Doppelhaus	Eigentumswohnung
aktueller Grundbuchauszug	x	x
aktueller Flurkarte	x	x
Grundrisse	x	x
Ansichten	x	
Lichtbilder	x	x
Berechnung umbauter Raum	x	
Wohnflächenberechnung	x	x
Gebäudeversicherungs- nachweis	x	x
Teilungserklärung		x

12 Wie Sie Ihre Bank überzeugen

Im letzten Kapitel möchte ich Ihnen eine kurze Zusammenfassung geben, wie Sie sich erfolgreich bei Ihrer Bank positionieren können, so dass Sie die Finanzierung erhalten, um Ihren Traum vom Eigenheim zu erfüllen.

1. Bereiten Sie Ihre Einkommens- und Vermögensunterlagen sorgfältig vor. Achten Sie auf Vollständigkeit – auch aller Anlagen inklusive der Schufa-Selbstauskunft.

2. Prüfen Sie selbst, wie viel Eigenkapital Sie einbringen und welche Darlehensrate Sie sich leisten können, indem Sie eine Haushaltsrechnung erstellen.

3. Überlegen Sie sich, bis zu welchem Zeitpunkt Sie entschuldet sein möchten und Ihre bevorzugte Zinsbindungsfrist. Werden Sie sich in diesem Zusammenhang auch darüber im Klaren, ob Sie generelles Interesse an Förderdarlehen haben.

4. Gehen Sie zu Ihrer Bank und klären Sie Ihren Finanzierungsrahmen bevor Sie Ihr Traumhaus gefunden haben.

Im Idealfall erhalten Sie eine sogenannte „weiche" Finanzierungsbestätigung. „Weich", da diese unter dem Vorbehalt der Objektprüfung und Genehmigung der zuständigen Gremien abgegeben wird. Diese Bestätigung hilft Ihnen, wenn eine große Nachfrage bei einem Objekt besteht, da sie dem Makler zeigt, dass Sie sich bereits ernsthaft mit Ihren finanziellen Möglichkeiten auseinandergesetzt haben. So erlangen Sie einen seriösen und kompetenten Auftritt.

5. Wenn Sie Ihre Traumimmobilie gefunden haben, besorgen Sie alle Objektunterlagen und planen Sie alle erforderlichen Maßnahmen mit ein. Aktualisieren Sie Ihre Haushaltsrechnung und konkretisieren Sie Ihre Finanzierungsstruktur (Zinsbindungen, Einbindung von Förderdarlehen, Höhe der Darlehensrate, welche Sicherheiten bieten Sie an, welche Versicherungen möchten Sie abschließen, ist Bausparen ein Thema?). Gehen Sie hiermit direkt zu Ihrer Bank.

6. Sollte der Bankberater im Gespräch zurückhaltender als erwartet sein, fragen Sie ihn nach dem Grund. Hier ein paar Möglichkeiten für seine Zurückhaltung:

    a) ihm ist etwas aufgefallen, dass Sie übersehen haben. Hierin sieht er ein Risiko – bitte sehen Sie ihn daher nicht als Hindernis zu Ihrer Traumimmobilie, gegebenenfalls kann er Sie durch dieses Verhalten vor einem erheblichen wirtschaftlichen Schaden bewahren.

    b) Ihr Berater hat eine Darstellung von Ihnen nicht korrekt verstanden. Hier können Sie durch Klarstellung das Hindernis gegebenenfalls beseitigen.

    c) Vielleicht ist die Marge in der vorliegenden Fallkonstellation zu gering, so dass die Bank und somit auch Ihr Berater an dem Geschäft mit Ihnen nichts verdient. Hier können Sie einer negativen Grundhaltung entgegenwirken, wenn Sie dem Berater anbieten, die von Ihnen gewünschten Versicherungen und – falls dieser für die Erfüllung Ihrer persönlichen Ziele sinnvoll ist – gegebenenfalls den Bausparvertrag über ihn abzuschließen. Durch dieses

Cross-Selling steigt der Ertrag aus Ihrer Kunden-verbindung und der Berater ist eher bereit, Ihre Fi-nanzierung zu begleiten.

13 Schlusswort

Sie haben die zwölf Kapitel gewissenhaft durchgearbeitet? Sie haben Ihre Einkommens- und Vermögensverhältnisse schriftlich festgehalten und die Nachweise kopiert bzw. gescannt? Ihre Haushaltsrechnung und Vermögensaufstellung ergeben einen Überschuss?

Dann haben Sie nun das Rüstzeug, um die Finanzierung für Ihre Traumimmobilie zu erhalten. Ich wünsche Ihnen viel Erfolg!

14 Anhang 1: Haushaltsrechnung

Haushaltsrechnung für:

Einnahmen (monatlich)

Einkommen (Lohn/Gehalt/Rente – netto)
Einkommen Ehepartner
Kindergeld
Staatliche Zuschüsse
Zins-/Kapitaleinnahmen
Mieteinnahmen (nach BWK und Steuern)
sonstige Einkünfte
-
-

Summe Einnahmen

Ausgaben (monatlich)

Lebenshaltung
Kaltmiete
Mietnebenkosten
Auto (inkl. Steuern/Benzin)
Kredit/Darlehen bei
Kredit/Darlehen bei
(Bau-)Sparverträge
Versicherungen (Personen-/Sach)
-

Summe Ausgaben

freie Liquidität:

15 Anhang 2: Vermögensübersicht

Vermögensübersicht

Vermögen	Verbindlichkeiten
Immobilien	Immobilienverbindlichkeiten
– im Alleinbesitz	
– gemeinsam mit Dritten	
Betriebliches Vermögen	
– im Alleinbesitz	Betriebliche Verbindlichkeiten
– gemeinsam mit Dritten	
Guthaben	
– Bausparguthaben	
– Depot	Private Darlehen / Kredite – Hausbank
– Guthaben	– Pkw-Finanzierung
– Rückkaufswerte aus Versicherungen	– Konsumentendarlehen
– Rückkaufswerte an Banken abgetreten	– Wertpapierkredite
Sonstiges Vermögen	
Summe Vermögen	Summe Verbindlichkeiten

16 Anhang 3: Immobilienvermögen und -verbindlichkeiten

Immobilienvermögen und -verbindlichkeiten

Objektart	PLZ	Ort, Straße, Hausnummer				Eigentümer	
Baujahr	Erwerbsjahr	Kaufpreis in T€	Wohnfläche in m²	Nutzfläche in m²	Grundstücksgröße in m²	Jahreskaltmiete in T€	aktueller VKW in T€
Finanzierung 1 bei	Kreditgeber			Zinssatz	fest bis	Zins und Tilgung T€ p.a.	Restschuld in T€
Finanzierung 2 bei	Kreditgeber			Zinssatz	fest bis	Zins und Tilgung T€ p.a.	Restschuld in T€
Finanzierung 3 bei	Kreditgeber			Zinssatz	fest bis	Zins und Tilgung T€ p.a.	Restschuld in T€

Objektart	PLZ	Ort, Straße, Hausnummer				Eigentümer	
Baujahr	Erwerbsjahr	Kaufpreis in T€	Wohnfläche in m²	Nutzfläche in m²	Grundstücksgröße in m²	Jahreskaltmiete in T€	aktueller VKW in T€
Finanzierung 1 bei	Kreditgeber			Zinssatz	fest bis	Zins und Tilgung T€ p.a.	Restschuld in T€
Finanzierung 2 bei	Kreditgeber			Zinssatz	fest bis	Zins und Tilgung T€ p.a.	Restschuld in T€
Finanzierung 3 bei	Kreditgeber			Zinssatz	fest bis	Zins und Tilgung T€ p.a.	Restschuld in T€

Objektarten			
(B)GS: (Bau-)Grundstück	EFH: Einfamilienhaus	MFH: Mehrfamilienhaus	(W)GH: (Wohn-)Geschäftshaus
DHH: Doppelhaushälfte	ETW: Eigentumswohnung	GO: Gewerbeobjekt	ZFH: Zweifamilienhaus

17 Anhang 4: Lebens- und Rentenversicherungen

Lebens- und Rentenversicherungen

Versicherung	Nr.	Versicherungsnehmer	Ablaufdatum	Ablaufleistung	Rückkaufswert	Todesfallschutz	abgetreten an
1				T€	T€	T€	
2				T€	T€	T€	
3				T€	T€	T€	
4				T€	T€	T€	
5				T€	T€	T€	
6				T€	T€	T€	
7				T€	T€	T€	
8				T€	T€	T€	
Summe							

18 Haftungsausschluss

Investieren in Immobilien oder andere Vermögenswerte heißt, stets und notwendigerweise Risiken einzugehen. Vermögensanlagen einschließlich des Kaufs kreditfinanzierter Immobilien sind mit beträchtlichen Verlustgefahren verbunden. Historische Daten bieten keine Gewähr für zukünftige Renditen oder Erträge. Generell besteht keine Garantie für die Richtigkeit der Daten und Berechnungen in diesem Buch. Wir können keine Haftung für Schäden übernehmen, die aus der Befolgung der in diesem Buch gegebenen Hinweise resultieren. Die Aussagen in diesem Buch spiegeln die persönlichen Ansichten des Autors wider, sind rein didaktischer Natur und nicht als Anlageempfehlungen im Sinne des Wertpapierhandelsgesetzes zu verstehen.